amanda lovelace

die prinzessin, die nicht gerettet werden muss

die prinzessin, die nicht gerettet werden muss

amanda lovelace

LAGO

für den jungen, den es einmal gab.
danke, dass du mir mut gemacht hast,
das mädchen zu werden, das am leben blieb.
du hast zum zeichen dafür vielleicht
einen blitz vorzuweisen,
aber mein körper ist
ein ganzes gewitter.

ϟ

inhalt

erste warnung:

das hier ist kein
märchen.

es gibt keine
prinzessin.

es gibt kein
fräulein.

es gibt keine
königin.

es gibt keinen
turm.

es gibt keine
drachen.

es gibt einfach nur
ein mädchen

mit einer
schwierigen aufgabe,

nämlich den
glauben zu finden

an sich selbst.

zweite warnung:

die geschichte geht
gut aus.

hier liegen
roh, ungeschönt
& größtenteils
ungeordnet
die bruchstücke
meiner seele.

ach, das leben –
das, was mit uns
geschieht, wenn wir gerade
anderswo sind,
pusteblumen pusten
& uns wünschen, wir
könnten eintauchen
in die seiten
unserer liebsten
märchen.

es war einmal ...

I. die prinzessin

die prinzessin ich kam schon
als kleine büchernärrin zur welt.

ich streichelte immer
die rücken meiner bücher,

wenn ich allein in meinem
verschlossenen turm zimmer saß,

& hoffte, sie würden ihre
wunderbaren worte preisgeben,

sie ausgießen über den üppiggrünen teppich,
damit ich sie auflesen könnte eins nach dem anderen

& sie in meinem mund schmecken
wie beeren.

— *sammlerin von worten, für alle zeit.*

als ich keine
freunde hatte,
schlug ich meine
geliebten bücher auf
& schuf mir welche
aus
12 punkt
times new roman.

— & *das war beinahe gut genug.*

das kleine mädchen
hört dir nicht zu –

das ist viel zu beschäftigt damit,
aus dem fenster zu starren,

tagträumen nachzuhängen
von einer welt aus

zauberhaften zufällen,
fliegenden bettdecken,

kreischenden eulen,
treuherzigen riesen,

besen, die
mehr als nur fegen,

freunden, die
für immer treu sind,

& einer eisenbahn,
die sie in ein

traumland bringen wird
weit weit fort,

weit fort von
hier.

— *magie für ein ganzes leben.*

die königin
meine mutter
lächelte,
als sie mir
in ihrer offenen hand
einen zuckerwürfel anbot.

gierig
griff ich zu.

ich steckte ihn
mir in den mund,
legte ihn
(nur den einen)
genau in die
mitte meiner zunge,
& dann
schmeckte ich.

salz.

so sieht missbrauch aus:
du weißt, dass du
salz bekommst,
& trotzdem
hoffst du auf zucker,
neunzehn jahre lang.

—*jetzt bist du weg, aber die bauchschmerzen bleiben.*

eines nachts wachte
~~die prinzessin~~
~~ich~~
~~die prinzessin~~
~~ich~~
~~die prinzessin~~
~~ich~~

die prinzessin auf
& merkte, dass
ihre burg schwankte,

    hin & her
hin & her
        hin & her

            hin & her
         hin & her
            hin & her

    hin & her
hin & her
        hin & her.

zuerst dachte sie,
da zieht ein sturm auf,
aber dann war es doch
etwas anderes.

wo
gehen
all die erinne-
rungen hin, die
wir wegschließen
& die
uns
doch
prägen
müssen
im lauf all
dieser zeit?

— *wenn ich mich nicht erinnere,*
ist es dann wirklich geschehen?

als ich elf war,
stellte der arzt mich auf die waage,
& danach sagte meine mutter zu mir,
ich sei zu fett
& müsse von jetzt an
weniger essen.
ein ganzes Jahr lang
aß ich so gut wie
überhaupt nichts mehr.
nicht einmal einen schluck wasser
gestattete ich mir,
denn ich wollte so dünn werden, dass
das kleinste lüftlein mich
davonblasen könnte – ich würde
v e r s c h w i n d e n.
in ein paar wenigen monaten
verlor ich sechzig pfund
& musste langärmelige kleider tragen,
damit keiner meine einzige
läuterung sah.

— *allerdings haben mir alle gesagt, wie gut ich aussehe.*

es gibt mütter,
die schärfen dir ein,
dass du niemals

(niemals, niemals)
den heißen ofen
anrühren darfst.

aber es gibt auch
welche, die zerren dich
regelrecht hin,

die tanzen & springen,
& lachen laut,
wenn sie sehen,

wie die flammen
nach deinen
fingern fassen.

— *wenn man dir beibringt, die welt durchs feuer zu sehen,*
dann siehst du nirgends mehr sicherheit.

»freundschaftsanfrage von _____«

   a) dem mädchen, das gesagt hat, du bist hässlich.
   b) dem mädchen, das gesagt hat, du singst falsch.
   c) dem mädchen, das dir nicht beigestanden hat.
   d) dem mädchen, das hinter deinem rücken über dich
      & dir ins gesicht gelacht hat.
   e) dem mädchen, das dir tag für tag dein pausengeld
      weggenommen & gesagt hat, du bräuchtest nichts
      zu essen.
   f) dem mädchen, das gesagt hat, du bist »fett«, sogar
      noch als du dich halb zu tode gehungert hattest.
   g) dem mädchen, das angeblich deine beste freundin
      war.
   h) denen allen zusammen.

— *immer schön wegklicken, schatz.*

fett
\fɛt\
adjektiv

      1. ein deskriptiver terminus.
         keine tiefergehende bedeutung.
         sollte nicht den wert
         (oder dessen abwesenheit)
         eines menschen bezeichnen.

— *ich wünschte, das hätte ich damals schon gewusst.*

stock & stein
brachen mir

                    niemals meine knochen,

aber worte,
derentwegen
habe ich gehungert,
bis man

                  sie alle
                  sehen konnte.

— *haut & knochen.*

meine schwester & ich,
wir haben abend für
abend unsere wünsche zu
den selbstleuchtenden plastik-
sternen hochgeschickt, die an
unserer decke
klebten.

— *wir sind trotzdem großgeworden.*

es
gab nie
genug alkohol,
um meine mutter warmzuhalten
in einem dermaßen
k a l t e n haus.

— *aber du hast's trotzdem versucht, was?*

man sollte nie

etwas anderes

mehr lieben
als die
eigenen
kinder.

man sollte nie

jemand anderen

mehr lieben
als die
eigenen
kinder.

— *wie konntest du so etwas tun?*

wenn ich mir
das jetzt überlege,

dann hat sie
immer dafür gesorgt,

dass ich auch zusehe,
wenn sie mir

den luftballon
aus der hand wand

&
ihn

davonfliegen ließ.

es waren
einmal
~~sechs~~ fünf
mädchen,
die teilten miteinander
alles von sich:

blut
&
geheimnisse
&
liebhaber
&
sogar
ein tagebuch.

aber
ein mädchen
kann einfach nur
eine bestimmte menge
blut hergeben,
dann ist es
aus mit ihr.

— wir sehen uns in kalifornien.

wie kann
jemand
zu
jung zum
lieben sein,
wo wir doch
gemacht sind
aus

        meereswellen
        & sternenlicht?

— *junge liebe.*

eines morgens
wachte ich auf,

& an meinem
liebsten bettzeug

(dem mit dem zauberer)
klebte genau das blut,

von dem ich gefleht hatte,
dass es nie kommen soll.

plötzlich
war es,

als gehöre mein körper
gar nicht mehr mir,

sondern
allen anderen.

— *viel hat sich seither nicht geändert.*

mein erster kuss:
>> bedrängt,
>> gezwungen,
>> mein mund
>> sagte
>> *nicht nicht nicht.*

danach:
>> eine wunde
>> &
>> eindeutig
>> der geschmack von
>> blut.

— *das werde ich dir nie verzeihen.*

bis
heute
bist du
der star
in jedem
meiner
alpträume.

— *du bist weg, aber du bist immer noch da.*

es
tut mir leid,
wenn ich nicht
die tochter war,
die du dir
vorgestellt hattest.

— *ich wollte immer nur, dass du stolz auf mich bist.*

I.
der anblick
des roten bands,
der faden, wie er läuft,
wenn die spitze stahlnadel
zusticht.

II.
die
einst zu engen
jeans, wie sie
jetzt schlaff
am körper
hängen.

— *zwei unerwartete erleichterungen für ein mädchen.*

es ist seltsam,
wie

s
c
h
w
e
s
t
e
r
n

manchmal

e
r
l
ö
s
e
r
i
n
n
e
n

sein können,
manchmal

f
r
e
m
d
e

& bisweilen
ein wenig von beidem.

— *schwestern.*

es gab ein
paar geheimnisse,

die beinahe an mir das
porzellan absplittern ließen,

die aber doch notwendig schienen,
damit an mir alles

zusammenhielt.

— *ich hatte keine ahnung.*

— schweigen war schon immer mein lautester schrei.

die prinzessin zählt:

1. die kratzer auf ihren knien.
2. die male, die sie mit der schaukel ganz nach oben kommt.
3. die bücher auf ihrem brett.
4. die stellen, an denen ihr shirt fäden zieht.
5. die anzahl der buchstaben in ihren worten.
6. die bretter der zimmerdecke.
7. die sekunden, die vergehen.
8. die nicht gemachten hausaufgaben.
9. die stunden bis sie wieder ins bett kann.
10. die pfunde auf der waage.
11. die menge ihrer kaubewegungen.
12. die klänge ihrer schritte.
13. die kerben, die sie in ihren körper ritzt.
14. die haarsträhnen, die ihr ausfallen.
15. die sterne, die erlöschen.

& dann fängt sie wieder von vorn an.
& dann fängt sie wieder von vorn an.
& dann fängt sie wieder von vorn an.
& dann fängt sie wieder von vorn an.
& dann fängt sie wieder von vorn an.

vögel
können nicht
               d a v o n f l i e g e n ,
wenn
man ihnen
einen ihrer
flügel
stutzt.

dir
war das
nicht genug,
mir nur einen
flügel zu
stutzen.

du hast
sie beide
an der wurzel
ausgerissen,
damit du sicher
sein konntest,
dass ich
             n i e w i e d e r
         a n d e r s w o h i n f l i e g e n
konnte,
egal
wohin.

— *mutter & tochter.*

weil
ich
keine
flügel
mehr
hatte,
legte
ich
falsche
aus
gold-
glitter
an.

— *möchtegern-fee wider willen.*

die
zeit kam,
da zeigte
mir die
poesie,
wie ich
bluten konnte,
ohne dass ich
blut hergab.

— *mein treuester liebhaber.*

früher habe ich immer gedacht,
mit mir stimmt etwas nicht,

weil ich in meinen
tagträumen

nie dicke pralle
granatäpfel

von den bäumen
anderer leute pflückte.

— *dann habe ich gelernt, dass es die gesellschaft ist, mit
der etwas nicht stimmt, nicht ich.*

zuzusehen,
wie das haus,
das meine
zuflucht war
& meine hölle,
in flammen aufging,
war schmerzlich schön,
aber doch

hauptsächlich
schön.

— *ein geständnis.*

wenn ein haus
nicht automatisch
ein zuhause ist,
dann ist auch
ein körper
nicht automatisch
ein zuhause.

— *ich bin mir immer vorgekommen wie eine fremde in meiner
haut.*

jetzt
reißt sie
die blätter

aus ihren
liebsten büchern
heraus,

stopft wie besessen
büschelweise wörter
in ihren mund

& betet,
dass man tatsächlich
ist, was man isst,

leckt sich sogar noch
die druckerschwärze
von den fingern.

— *kann ich nicht einfach ein mädchen aus papier sein, in
einem papiernen leben?*

du hast
mir vielleicht
nicht (allzu) viele
narben auf meiner
haut hinterlassen,
aber meine seele,
die ist voll mit riesigen
brombeerschwarzen
flecken von dir.

— *noch heute frage ich mich, wer ich wohl sonst gewesen
wäre.*

die prinzessin
schloss sich im
höchsten turm ein,
wo sie hoffte, dass ein
ritter in glänzender rüstung
käme & sie
rettete.

— *ich wusste nicht, dass ich mein eigener ritter sein kann.*

II. das fräulein

das fräulein
ließ die drachen
zu sich ein,
damit sie
sie fortholten
von der hässlichkeit
ihrer welt.
sie merkte nicht,
dass sie einfach nur
den einen turm
gegen den
nächsten
tauschte.

— *die gemeinsten lügner von allen.*

ich fürchte mich nicht
vor den ungeheuern,

die sich verstecken
unter meinem bett.

ich fürchte mich viel mehr
vor den jungs

mit zerzausten braunen haaren,
verschlafenen augen

& mündern,
aus denen nie etwas

anderes kommt als
halbwahrheiten.

— *meine drachen.*

weißt du noch,
wie du mir gesagt hast,
du hättest diesen wunderschönen song
für mich geschrieben
& nur für mich –
deine
»einzige«?

tja,

ich wette,
du weißt nicht mehr,
dass du mir den schon
vorher gezeigt hattest
& gesagt,
der song sei für *sie.*

— *du warst verliebt in die liebe, nicht in mich.*

versprechungen
geflüstert
im regen,
die werden

        f
          o
            r
              t
                g
                  e
                    s
                      p
                        ü
                          l
                            t

— *direkt in den scheiß gully.*

ich war das eine,
was er leugnen musste –
die schöne wahrheit
mitten in seiner
schrecklichen lüge.

— *wer hätte gedacht, dass ein so junges herz zerbrechen*
kann?

als
mein drache
mit den
grünen augen
fortging,

nahm
ich
ein messer
& schnitt mir
all mein schönes
langes haar ab,
zerstörte
das eine,
was
er
je
an
mir
geliebt
hatte.

— *vorbei, bevor es anfing.*

»ich
könnte
dich
einfach
auffressen.«

— *kam es aus dem unersättlichen schlund des großen bösen*
wolfs.

er liebt mich.
er liebt mich nicht.

                    er liebt sie.
                    er liebt sie nicht.

er liebt mich.
er liebt mich nicht.

                    er liebt sie.
                    er liebt sie nicht.

er liebt mich.
er liebt mich nicht.

                    er liebt sie.
                    er liebt sie nicht.

er liebt mich.
er liebt mich nicht.

                    er liebt sie.
                    er liebt sie nicht.

er liebt mich.
er liebt mich nicht.

— *mehr blütenblätter hatte ich nicht.*

blut
läuft
überall,
wo er
mich mit
seinen finger-
spitzen berührt.

— *mein stahl & meine dornen.*

eine weile
glaubte ich,
                    wir zögen mit den sternen
& merkte nicht,
dass sich in wirklichkeit
                    unsere bahnen nur kreuzten.

— *die sterne waren nie auf unserer seite.*

er bestand aus feuer
& ich bestand aus eis.

ich kam zu nah
an seine flamme

& er ließ mich schmelzen
mit seiner glut,

bis nichts mehr von mir blieb
als eine pfütze.

mit der zeit
gefror ich wieder neu,

aber ich war nie wieder
so wie vorher –

eine brüchige, blasse imitation
von dem, was ich einmal war.

— *wieso habe ich bei dir keine angst vor dem feuer gehabt?*

»ich hasse dich.«

— *seine version von »ich liebe dich«.*

als
für ihn
schließlich
die zeit
gekommen war
zu gehen,
da
packte er
all meine
gedichte
in einen
koffer
&
nahm
sie mit.

— *zuerst mein herz, dann meine worte.*

er
hatte versprochen,
mich heil zu machen,
&
               als er ging,
da war ich
                k a p u t t e r
als je
zuvor.

— *aber jetzt habe ich in den narben gold.*

ich muss einfach
daran glauben,
dass der
tag kommt,
an dem ich
nicht mehr
                            zusammenzucke,
jedes mal wenn
sein name fällt.

— *manche namen bleiben auf immer verflucht.*

ich habe
so viel liebe
zu vergeben,
aber niemand
will sie
je.

— *ein becher zum überfließen voll.*

wenn
liebe
ein schlacht-
feld ist,
dann
habe
ich wohl
meine
rüstung
zu hause
vergessen.

— *ich wollte nie in diesen krieg.*

in meinen
sämtlichen träumen
sah ich mich,
wie ich
meine
zähne
vom
teppich
auflas.

— *was sagt das traumlexikon dazu?*

meine
mom hat
dem netten arzt
erzählt, dass sie
strahlenkränze sieht
& dass diese kränze
schön anzusehen sind –
als käme das
feuerwerk
zum vierten juli
dieses jahr
früher.

der arzt
zögerte,
dann
sagte er ihr
die wahrheit.

»das ist kein
feuerwerk.

es ist krebs.«

— *vierzig jahre raucherin.*

es kam,
als wir
wie immer
spätabends
unseren kaffee
tranken.
ohne das
kleinste
zittern
in ihrer
rauen
stimme
sah sie
mich an
& sagte,
es sei ihr
letzter wille,
dass ich ihre
asche ausstreute
über dem ozean,
damit sie
endlich wieder
nach
hause
könne.

— *traum einer meerjungfrau.*

wenn deine mutter
schon deinen
namen vergisst,
dann fragst du dich
allmählich,
ob du überhaupt
existierst.

— *krebs, letztes stadium.*

du denkst vielleicht,
deine eltern sind

            u n z e r s t ö r b a r,

& dann eines tages
merkst du,

            d a s   s i n d   s i e   n i c h t.

— *der tag, an dem man wirklich seine unschuld verliert.*

ich kann es nicht mehr hören,
dass alle mir sagen,
wie stark
ich bin.

ich?
stark?

ich spiele
die stärke nur,
weil es für mich die
einzige ablenkung ist
von dem gedanken,

dass mein leben nun bald
mutterlos sein wird.

— *eine feder, die tut, als sei sie stahl.*

alle
drängen mich,
ich soll mich an meine
träume halten,
zum zeitvertreib,

aber
was macht man,
wenn die träume
immer nur alpträume sind,
immer&immer&immergleich?

— bitte, weckt mich auf.

wer
werde
ich
sein
ohne
sie?

wie
kann
ich
sein
ohne
sie?

ironie:
wenn deine
gesunde
& kluge
& unglaublich
schöne
schwester nur
knapp einen
monat vor deiner
todkranken mutter
stirbt.

— *keiner hat gemerkt, dass du genauso krank warst wie sie.*

minuten,
bevor
deine mutter
mit der todes-
nachricht anrief,

roch
ich dein
warmes
vanille-
parfüm

& mein
mund füllte sich
mit dem
geschmack
von erde.

— *der tod ist einer unserer sinne.*

es sollte nicht sein, dass
kinder
vor ihren eltern
sterben.

es sollte nicht sein, dass
ich
älter werde
als meine älteste schwester.

wir
hätten für immer
vier schwestern sein sollen,
nicht drei.

es sollte nicht sein, dass
du als urne mit asche
auf dem nachttisch
deiner mutter stehst.

schließlich warst
du doch die,
die immer am
hellsten gebrannt hat.

— *das schicksal ist eine scheiß lüge.*

das schlimmste
daran ist, dass
ich nie wissen werde,
ob es
                s e l b s t m o r d
war oder nicht.

— die wahrheit wird mich befreien.

einmal
hat sie
versprochen,
sie
würde
mich
retten,

dabei
hätten
wir

die
ganze
zeit
sie
retten
müssen
vor
sich
selbst.

— *bitte komm zurück.*

schwester –
wo immer
du jetzt bist,
ich hoffe, es
gibt dort
einen strand.

— *seesterne werden mich immer an dich erinnern.*

ich halte mir
die muschel
ans ohr,

nicht weil ich
mir vorstelle,
ich könnte das
tosen der meeres-
wellen hören,

sondern weil ich
mir so verzweifelt wünsche,
ich könnte auch nur ein
winzigkleines echo
deiner stimme vernehmen,

noch ein
letztes
mal.

— *unsterblich geworden durch eine voicemail.*

scheiß auf dich,
krebs,

dafür dass ich die mutter,
die ich nie hatte,

nun auch nie
bekommen werde.

— *3.11.10*

ich war diejenige,
die deine leiche fand

(*du* warst
nirgends mehr zu finden),

mund weit genug
aufgerissen,

um sämtlichen sauerstoff
aus dem zimmer zu saugen,

weit genug, um
lilien hineinzupflanzen,

weit genug, um
meinen namen zu rufen –

wenn du denn meinen
namen noch gewusst hättest.

— *ich will vergessen, vergessen, vergessen.*

auf deinem
totenschein
heißt es, du
seist am
3. november
um 3 uhr 03
morgens gestorben.
das ist gelogen.
du warst
schon
lange
vorher tot.

— *3 ist jetzt nicht mehr meine glückszahl.*

es heißt,
wenn ein ge-
liebter mensch
stirbt,
soll man
das fenster
aufmachen
& den letzten
keuchenden
atemzug
hinauslassen
& so der seele
ihre freiheit
geben,
aber ihre ist
immer noch
hier bei mir.
nacht um nacht
um nacht
hämmert sie
mit fäusten
an die wände
meiner träume,
fleht mich an,
ich soll ihr
den weg
zeigen
nach

      draußen.

— *die andere seite.*

das eine begräbnis:
>   tränen des schmerzes
>   um ein leben verloren
>   zu jung,
>   zu früh –
>   eine tragödie.

das andere:
>   tränen der erleichterung
>   um ein leiden, das
>   einfach zu lang
>   gedauert hat –
>   eine gnade.

— aber entsetzlich waren beide.

gut ein
halbes jahr lang
fuhr ich zusammen,
jedes mal wenn
das telefon klingelte,
aus furcht, dass es eine
neue todesnachricht war.

— *drei weitere würden kommen.*

alle, die ich kenne, gehen fort.

wie viele
begräbnisse kann
jemand besuchen,
bevor er
neunzehn
wird?

— *diese familie ist verflucht.*

ich hätte
nie gedacht,
dass der
tod
meine treueste
gefährtin würde,
aber sie ist die
einzige, die
ohne aufforderung
kommt.

— *die einzige, die niemals fortgeht.*

trauer
hing an
ihr
wie ein
altes,
kratziges,
zerschlissenes,
schlecht sitzendes,
von anderen
abgelegtes
kleid.

der

tod

wickelte

sich

um

ihre

knochen

wie

ein

streifen

rotes

band.

auf einem bild:

ein mädchen
mit ringen
unter
den augen
vom zu vielen schlafen
oder zu wenigen.

ein mädchen
mit einer
tieftraurigen katze,
die sie immer
in ihren armen
hält.

ein mädchen,
das all die
geliebten bücher
rings um sie her
gar nicht mehr
ansieht.

ein mädchen,
das es nicht
fertigbringt zu weinen,
denn wenn sie
endlich weint,
dann heißt das,

dass es tatsächlich geschehen ist.

gibt
es
so
etwas
wie
einen
muttertag
für tote?

monate, nachdem
meine mom
gestorben war,
fand ich das buch,
das sie als
letztes
gelesen hat.
eine schon ver-
gilbte quittung
markierte
die stelle,
& da endlich
ging es mir auf:

du
wirst dieses
buch niemals
zu ende lesen,
du wirst niemals
ein neues buch
anfangen oder
auslesen können,
du wirst niemals
mein abschlusszeugnis
vom college sehen,
du wirst niemals
die liebe meines
lebens kennenlernen,
du wirst bei meiner
hochzeit
nicht dabei sein,
du wirst
diese worte hier
nie lesen,
wir werden nie wieder,
nie, niemals wieder
auf der veranda sitzen

& uns gespenster-
geschichten
erzählen
zu
dampfenden
bechern kaffee,
nie,
nie wieder,
niemals mehr.

&
ich versuche
mir vorzustellen,
was du
sagen
würdest,
wenn ich dir
erzählte,
dass ich über-
haupt nicht
mehr lachen kann,
denn jedes mal wenn
ich's tue, sagt
mir jemand,
ich klänge
genauso
wie du.

aber
das ist wohl
die art von dingen,
die ich für mich
behalten muss,
in mir verschließen
& dir dann
später
geben.

— *sammlerin von worten, für alle zeit II.*

so viele
stunden
tage
monate
jahre
meines lebens
vergeudet, nur um
dafür zu sorgen,
dass ich

l e e r blieb.

die
angst
reicht tief hinab
zu meinen wurzeln,
dass manches in mir
niemals

g e f ü l l t sein kann.

— *manchmal denke ich, es wäre besser, man würde einfach*
den ganzen baum fällen & finge noch einmal von vorn an

sie
verfolgt
mich
für immer.

— *mein gespenst.*

er
verfolgt
mich
für immer.

— *mein gespenst II.*

scheiß auf die vorstellung,
dass es so etwas wie ein
schicksal gibt,
dass eine art
großer plan
hinter allem steckt,
dass es einen gott gibt,
der uns nie-
mals etwas
schicken würde,
das zu viel
für uns
ist.

der schmerz hat
aus mir keinen
besseren menschen
gemacht.
er hat mir
nicht beigebracht,
die dinge zu sehen,
wie sie sind.
alles, was er mir
beigebracht hat,
war die furcht davor,
jemanden zu lieben.

ich bin
viel zu
jung
für so ein
scheiß leben
&

wenn ich die
zeit zurückdrehen könnte
& mir ihre kindheit
geben könnte,

        dann würde ich das.

— *was sollte das alles?*

vielleicht
fällt es
mir so
schwer, an den

        himmel

zu glauben,
weil ich nicht
weiß, ob es

        dort auch
        gedichte

gibt.

— *als sterbliche darf man sich das fragen.*

meine
augen strahlten,
als ich hinter mir
die brücken zu all
dem verbrannte, was sich
nicht in ordnung
bringen
ließ.

— *brennt der qualm euch immer noch im hals?*

ich musste ihn
　　　erst verlieren,
　　　damit ich endlich
　　　zu mir selbst
　　　fand.

ich musste ihn
　　　ein zweites mal verlieren,
　　　damit ich meiner
　　　sicher
　　　war.

da
　　　habe ich
　　　mich zum
　　　ersten mal
　　　geliebt.

— *ich würde dir gern danken, aber wir wissen beide, dass du es nicht verdienst.*

wer wäre
ich gewesen
ohne die inspiration
durch meine
                    dämonen?

— *wohl keine dichterin.*

ich bin
hin- & hergerissen
zwischen trauer
um dich

&

dem gedanken,
dass dein tod
meine rettung
war.

— *wirst du mir das je verzeihen können?*

die prinzessin
sprang von dem
turm,
& sie
merkte, dass sie
schon seit jeher
fliegen konnte.

— *sie brauchte diese flügel überhaupt nicht.*

III. die königin

es kam
der tag, da
erhob sich
die prinzessin
aus der asche, die
ihre liebhaber, die drachen,
aus ihr gemacht hatten,
&
krönte
sich
verflucht
nochmal
zur königin
ihrer selbst.

— & *lebte glücklich bis ans ende ihrer tage, oder?*

wenn ich
dich vor mir
sehe, dann sitzt
du immer für dich
allein am küchentisch
mit deiner zigarette
& deinem kaffee
& möchtest
gottweißwo
sein,
nur
nicht
bei
uns.

— *war es eine befreiung?*

vielleicht
sehen wir uns wieder,
an einem anderen ort –
einem, an dem die
vergebung reift,
so schön wie
die tomaten,
die du immer
gezogen hast
in deinem
garten.

— *die rotschimmernde hoffnung, die mich durch die späten
abendstunden bringt.*

drei generationen
von frauen sitzen
rings um den riesigen
küchentisch –

manche bei einer
tasse kaffee,
andere bei einer
tasse tee.

so unterschiedlich wir auch sind,
sind wir alle zusammen so guter laune,
dass das grollen des unwetters draußen
kaum noch mithalten kann.

sie kann jetzt nicht mehr
hier bei uns sitzen & ich bin mir sicher,
wir alle empfinden
das gewicht ihrer abwesenheit,

doch selbst wenn sämtliche stühle besetzt sind
& die neuankömmlinge stehen müssen,
ist deutlich zu spüren, dass es für sie
immer einen platz geben wird.

— *deine energie ist unzerstörbar.*

als meine
mutter starb,
da lernte
ich endlich
meinen
vater kennen,
den ich
neunzehn
jahre lang
jeden tag
gesehen
hatte.

es
stimmt schon,
was sie
sagen:
geteilte
trauer
bringt leute
entweder
zusammen
oder sie
entzweit.

— *für eine beziehung ist es nie zu spät.*

wenn du
hoch oben
auf einem thron
sitzen willst,
aus lügen
gebaut

&
aus den leichen
der menschen, die
glaubten, sie
könnten dir

t
r
a
u
e
n,

dann
bleibt dir
als einziges
der

s
t
u
r
z.

— *aber bestimmt hat es spaß gemacht, solange du oben warst.*

was wirst du
nur machen,
wenn dir
keiner
mehr deine
roten-lippenstift-
lügen
glaubt?

— *auch freundinnen können einem das herz brechen.*

oh,
bestimmt
bedauerst du,
dass du dir mich
zum feind
gemacht
hast.

— *ein rücken, zwei messer.*

du kannst
mich
hassen,
für alle zeit,
wenn du das
wirklich willst,

aber
freunde
lassen nicht
einfach freunde
in drachenschlaf
versinken,

nicht wenn die
wunden der
krallen noch so
frisch sind
wie bei
mir.

— *anderen wehtun passiert nicht einfach so.*

ich frage mich,
wie oft du sie wohl
berührt hast
& so tun musstest
als sei sie
ich.

— *spürst du immer noch den stich?*

ich hoffe, du
behandelst sie besser,
als du mich
je
behandelt hast.

— *meine verzeihung kannst du bekommen, aber nicht mich.*

bitte glaube mir,
wenn ich sage,
dass ich nie
auf rache
aus
war.

— *aber sie schmeckt doch immer noch süßer als honig.*

du   die
hattest   nadel
& ich hatte den faden.
wir wollten unsere bei-
den gebrochenen her-
zen flicken, aber am
ende hatten wir
sie aneinander
genäht.

wenn er
meine tasse tee war,
dann bist du meine
tasse kaffee.

manchmal ist tee
einfach nicht
stark genug
für mich,

aber mit
kaffee,
da stehe ich
alles durch.

— *gibt es dich nur in meiner fantasie?*

bevor er ging,
packte er mein herz
dick in dornen
& stacheldraht,
damit auch nie
ein anderer
dort hineinkam,
aber du warst gern bereit,
dir zerstochene hände
für mich
zu holen.

— *keinen einzigen stich hast du bekommen.*

sein talent:
       kein einziges mal
       musste er mit händen
       nach mir greifen,
       um mich zu
       berühren,
       & das überall.

— *über ganze straßen hinweg konnte er mich berühren.*

irgendwie
kannte
meine seele
deine seele,
bevor wir
überhaupt
voneinander
wussten.

— *es war, als käme man nach hause, nach einem langen,
langen tag.*

ich würde ja sagen,
du hattest den schlüssel
zu meinem herzen,

aber du
brauchtest ihn
nie.

— *vom ersten augenblick an wusste ich, dass ich es offen
für dich lassen kann.*

I.   er sagt, ich bin
     großartig.

II. er liest
     all meine
     lieblingsbücher
     & dann
     will er
     mehr davon.

III. er macht
     meinen kaffee
     exakt so wie ich ihn mag.
     (»hell & süß,
     genau wie du«, sage ich
     jedes mal im scherz.)

IV. jeden tag neu
     fragt er mich,
     wie es mir geht,
     & er
     will die antwort
     wirklich wissen.

V.   & was das beste ist,
     ich weiß, er wird
     mich immer noch lieben,
     wenn er morgen früh
     aufwacht.

— *fünf dinge, von denen du mich hattest glauben lassen,
sie seien unmöglich.*

ich sage zu ihm:

»uns bleiben immer
unsere oktober.

— *selbst wenn alles andere verblasst.*«

er
öffnete mich
wie ein buch
& goss die
poesie
zurück in
mich.

— *mein stift & mein papier.*

eine liste von roten sachen:
> I. sein haar.
> II. unsere lippen.
> III. meine nägel.
> IV. unser atem.
> V. mein bettzeug.

— *das war das warten wert.*

überall,
wo
seine
finger
mich
berühren,
wachsen
blumen.

— *meine sonne & mein regen.*

d
i
e
s
:
du & ich,
das schwindende licht
eines oktobernachmittags,
die schneidende kälte in der luft,
nasen, deren spitzen sich rosa verfärben,
kleine finger umeinandergehakt,
alles andere &
jeden anderen
vergessen.
dies, dies,
dies.

— *13.10.12.*

mein schatz?
der ist sogar
noch besser, als
er aussieht.

— *du nimmst es mit jedem roman auf.*

da könnten
mit einem mal
im zwielicht

     m
        e
           t
               e
                   o
                       r
                           e

vom
himmel
fallen

& er sähe
nicht halb so
verdutzt aus,

wie er aussieht,
wenn er mich
lachen hört.

— *du gibst mir das gefühl, dass ich etwas ganz besonderes
bin.*

ein einziges
wort von dir
genügt,

dann
ist mir, als
könnte ich

die armeen
dieser welt
befehligen

&
über königinnenreiche
herrschen

&
den wellen der meere
gebieten

&
am ende gar das
winterlicht bezwingen.

— *ich bin stark genug für alles.*

ich bin so froh,
dass wir beide zur
selben zeit auf der
welt sind.

— *ich glaube vielleicht nicht an schicksal, aber an dich
glaube ich.*

ich brauche deine
trägen morgenstunden
mit viel kaffee.

ich brauche deine
berühmten
überbackenen toasts.

ich brauche deine
nachmittage voller
kürbiskernzupfen.

ich brauche deine
schritte, die mir folgen, wenn ich
(wieder mal) im buchladen bin.

ich brauche deine
kleider überall verstreut
auf ~~meinem~~ unserem fußboden.

ich brauche deine
vielsagenden blicke, die
keiner außer mir versteht.

ich brauche deine
stille so trostreich
um mitternacht.

ich brauche
all
das.

— *in wirklichkeit bist du das gedicht, mein schatz.*

von seinem lächeln
schmerzen mir die knochen.

— *ein willkommener schmerz.*

wenn ich
deine
hellen stücke
zusammen mit meinen
dunklen stücken
sehe, dann
begreife ich
allmählich,
warum es immer heißt,
gegensätze ziehen sich an.

— *chiaroscuro.*

im winter
sind es die schneeflocken.

im frühling
die regentropfen.

im sommer
sind es blütenblätter.

im herbst
ist es das laub.

all diese dinge
fallen,

aber nicht eines davon
fällt so weich

wie ich in das bett aus rosen,
das du mir morgen für morgen baust.

— *bei sämtlichen klischees haben die erfinder an uns
gedacht.*

es tut mir so leid,
die vielen male,
die der

                    böse
                    schwarze
                    drache,
der in den
finstersten winkeln
meines
inneren
haust,
brüllend hervorkam,
mit flammendem rachen,
fest entschlossen
alles zu
löschen,
                    was an licht
                    in dir ist.

— bitte geh nicht weg.

das sternbild,
das über
die ganze
       b r e i t e   s e i n e s   r ü c k e n s
leuchtet,
ist die
karte,
die mir
den weg nach
hause weist,
jedes mal
wenn ich
mich
verirre.

— *du bist mein zuhause.*

I. ein buch, das ich gern habe.
II. ein kühler, bedeckter tag.
III. ein becher kaffee.
IV. eine warme decke.
V. du.

— alles, was ich brauche, um mich frei zu fühlen.

er
hat mich
zwar nicht
gelehrt,
mich
selbst
zu lieben,
aber er
war
die brücke,
über die
ich
　　　　　hierher
kam.

— *jeden tag neu danke ich dem universum für dich.*

er ging
mit mir
über die
brücke, in die
unsere namen
geritzt sind,
kniete vor mir
nieder
& schlug mein
lieblingsbuch auf –
das mit der
wunderschönen prinzessin
& auf dem umschlag
deren eigenes
geliebtes buch.

drinnen
fand ich

einen kleinen
perfekten
amethysten,
zeichen der
hoffnung.

— *der ist unvergänglich.*

ich
habe
gelernt,
dass mein
leben nicht
vorbei sein
muss, nur weil
ihres vorbei ist,
& ich
ging hin
& malte mir
die sonne
von neuem
an den himmel.

— *jetzt darf ich mein leben leben.*

»was willst du denn an-
fangen mit deinem
englisch-abschluss?«

~~»ich will~~
~~den massen die~~
~~schädel öffnen~~
~~& pflanze einen~~
~~bunten garten~~
~~in jedes hirn.«~~

~~»ich will~~
~~eine girlande aus~~
~~worten flechten~~
~~für jeden menschen,~~
~~der mir~~
~~begegnet.«~~

~~»einmal~~
~~im leben~~
~~werde ich~~
~~dafür sorgen,~~
~~dass die leute mir~~
~~wirklich~~
~~zuhören.«~~

»keine ahnung.«

— & es ist vollkommen in ordnung, wenn man nicht weiß,
was man will.

fiktion:
        das meer,
        in das ich
        mit
        einem
        kopfsprung
        eintauche,
        wenn ich
        in der
        wirklichkeit
        keine
        luft
        mehr
        bekomme.

— *traum einer meerjungfrau II.*

im lauf der jahrzehnte
wurden ihre bücher
so sehr zum
teil von ihr,

dass irgendwie die
druckerschwärze
ihren adern
entwich

& ihr die liebsten
worte & bilder
außen auf die
haut malte.

jetzt kann
die ganze
welt es
sehen:

sie ist ein
mädchen
wie ein
buch.

— *pergament.*

wenn ich sterbe,
betrauere mich
nicht eine einzige
minute lang.
ich selbst bin
dann fort,
aber dir bleiben
meine tausend & ein
anderen leben.

— *ein büchermädchen stirbt nie.*

es stimmt nicht,
dass sämtliche ozeane
& galaxien sich
zusammengetan
hätten, nur um
mich zu
produzieren,
damit du dich
fortpflanzen kannst.

— *simple wahrheit no. 1*

ich würde einfach nur gern
eine einzige mahlzeit essen,
ohne dass ich mich
dafür schämen muss.

— *es geht voran.*

ich würde einfach nur gern
ein einziges mal in den spiegel schauen,
ohne dass ich gleich
                    den blick abwenden muss.

— *es geht voran II.*

sollte ich
je eine
tochter
haben,
dann wird
das erste,
was ich ihr
beibringe
zu lieben,
das wort
»nein«
sein,
&
ich
werde
nicht
zulassen,
dass sie sich
schuldig fühlt,
wenn sie es
sagt.

— *»nein« ist die kurzform von »fuck off«.*

es heißt, sie
wollen nur,
dass mir
blumen aus dem
mund sprießen,

dann kann
ich ihnen
geradewegs
ins auge
blicken

& dabei
zarte blüten-
blätter über
meine lippen
schieben,

kauen,
die
kiefer-
gelenke
ausgerenkt,

& dann
spucke ich
ihnen
alles
vor die füße.

— *ich werde nie sein, was du von mir erwartest.*

ich bin
eine tigerin
& habe mir meine
mehr als samtenen streifen
verdient.

— *ode an meine dehnungsstreifen.*

ich bin
eine löwin
& fürchte mich nicht mehr,
es die welt hören zu lassen, mein
gebrüll.

— *ode an mich.*

ich
hoffe,
du bist
großzügig
genug,
stolz auf
die frau
zu sein,
die ich
trotz deiner
geworden
bin.

— *immer noch hoffnung auf zucker statt salz.*

&
der drache
kam auf seinen schwingen
zu dem mädchen zurück
(wie drachen das oft tun),

er glaubte, er fände
das verschüchterte fräulein,
das er zurückgelassen hatte
vor so langer
zeit.

zu
seinem schrecken
stand aber vor ihm
die mächtige
königin.

denn schließlich
haben nur königinnen
die macht, drachen
zu bezwingen
wie ihn.

er wagte es,
sich auf den thron
zu setzen, den sie
gebaut hatte mit ihren
eigenen händen

&
ihr zu sagen, sie
werde nie stark
genug sein, allein
zu herrschen.

die königin
blickte dem drachen
fest ins gesicht
& lachte über sein
dummes geschwätz.

dann
ließ sie das
feuer auf ihn los,
das auf ihren handflächen
tanzte.

— *zucker, gewürz & feuer.*

ich werde
die blut-
befleckten
dornen
nehmen,
die sie dir
ins fleisch
stecken
&
ich werde
dir zeigen,
wie du
aus ihnen
die krone
flechten
kannst, die
du verdienst.

— *du bist stärker, als ich je wissen werde.*

IV. du

plündere deinen
bücherschrank,
lies alles, was dir
in die finger fällt,
& dann
noch mehr.

mach weiter,
sammle worte
& poliere sie, bis sie
in deiner
handfläche glitzern
wie sternenlicht.

mache aus worten
deine schärfste waffe –
ein schwert mit goldenem griff,
mit dem du deine
feinde
      n
          i
              e
                    d
                        e
                              r-
machst.

— *eine art überlebensstrategie.*

wenn die poesie
ein haus ist,

das in
flammen steht,

dann stürze ich
mich hinein,

um jedes einzelne
wort zu bergen,

damit ich
sie alle

weitergeben kann
an euch.

— *wörter sollen retten & nicht brennen.*

bäume
haben wörter,
die kann
der wind
nicht tragen,
deshalb
müssen wir ihnen
ihre geschichten
in die stämme ritzen,
bis sie alles
erzählt haben,
was sie
wissen.

— *schreib das leben auf.*

schreib das leben auf.

stecke
deine finger bis in
den schmutzigsten
teil von dir.

nimm all die
fäulnis & verwesung
& mache daraus
nahrung & leben.

gib ihr wasser
& singe für sie
& zeige ihr das
licht der sonne.

ziehe einen wunderschönen
garten groß aus deinen
schmerzen & bring dir bei,
wie du davon lebst.

schreib dein leben auf.

— *das zeichen, auf das du gewartet hast.*

1. setze in die leerstelle ein.
   poesie ist _____.

   — *alles was du dir von ihr wünschst.*

wenn du nicht
in jemandes
gedichten
enden
willst,

       dann
       solltest du
       vielleicht
       zur abwechslung
       mal anfangen,
       andere leute
       besser
       zu
       behandeln.

— *eine dichterin, die sagt, was sie denkt.*

wenn man in
new york lebt
oder in new jersey,

dann gehört es beinahe
zum erwachsenwerden dazu,
dass man einmal in einem zug sitzt,
vor den sich jemand wirft.

der erste gedanke
ist immer:
»ich komme zu spät
zur arbeit.«
niemals denkt man:
»wie tragisch,
dass sie glaubte,
es gebe für sie
keinen anderen
ausweg.«

aber das ist es.
es ist doch
verdammt nochmal
eine tragödie,
wenn die welt
nicht einmal dann
für einen innehält,
wenn man seinen
letzten tropfen blut
für sie gibt.

— ich habe nie erfahren, wie du geheißen hast, aber du
warst mir wichtig.

ich gehe
bis ganz
nach vorn
an den rinnstein.

ein mann
kommt zu mir
& bittet mich
zu schauen,

ob dort
zwischen dem dreck
& den trümmern
familienfotos sind.

es kümmert
ihn nicht, dass
sein haus nur noch
schutt ist,

dass er jedes fitzelchen
kleidung verloren hat,
jedes einzelne buch,
jedes elektrogerät.

er
will nur
ein klein wenig
erinnerung.

— *hurrikan sandy.*

es gibt nicht
genug
regen im
ganzen himmel,
um das
blut
der
unschuldigen
abzuwaschen
von
euren händen.

— *ihr tod wird unvergessen bleiben.*

als du
von den sternen
geschickt wurdest,

da warst du
exakt so, wie du
hattest sein sollen –

die art wie
du lieben
würdest,

die art
deiner
lust

& die art wie
du lernen solltest
zu fliegen –

& keiner hätte
die macht
haben sollen,

dir das
alles
zu
                    nehmen.

— *du hast ein recht auf dein leben.*

eine
welt,
in der

für jeden einzelnen
von uns gesorgt ist,

sollte man nicht eine

»revolutionäre«
art zu leben nennen,

& doch ist
sie das.

— *brenne.*

wir sind die generation,
die ihr schon fürs mitmachen
mit preisen gekrönt habt.

wir sind die generation,
der ihr fahrradhelme, knie- &
ellenbogenschützer aufgestülpt habt.

wir sind die generation,
der ihr zensierte CDs &
jugendfreie filme geschenkt habt.

wir sind die generation,
die ihr jahrelang überbeschützt &
dann den wölfen vorgeworfen habt.

jetzt sind wir die generation,
die nur von kaffee lebt
& von drei stunden schlaf.

wir sind die generation
der prekär beschäftigten,
aber alle mit collegeabschluss.

wir sind die generation,
die mit ihrer arbeit
gerade genug zum leben verdient.

wir sind die generation,
an deren erfolg ihr geglaubt habt,
& dann habt ihr dafür gesorgt, dass er nie kommt.

— *generation y.*

emily –
oft frage
ich mich,
ob du wohl
immer noch
dort draußen
bist & versuchst,
dich selbst
zu finden,
bei
kerzenschein.

ist sylvia noch
bei dir,
zeigt dir
den weg
mit dem
schlag ihres
furchtlosen herzens?

hat
virginia
ihr eigenes zimmer
bekommen?
& was ist aus
harriet
& anne
& harper
geworden?

findet
eine frau
jemals frieden
im leben?

oder ist der tod
unsere einzige
gefiederte
hoffnung?

— *ich bringe die streichhölzer mit.*

es wird sich anfühlen,
als passten deine hüften
nicht mehr unter deine haut.

deine oberschenkel
werden zusammenwachsen wollen
wie ein meerjungfrauenschwanz.

ein hauchfeiner garten
wird versuchen, auf deinen
beinen zu sprießen.

(& zwischen deinen beinen,
auf deiner oberlippe,
in deinen achselhöhlen usw.)

nein, du bist
nicht nur dazu da,
für ihn sexy zu sein.

die welt beginnt
& endet
damit, dass du nein sagst.

— & sie wollen nicht, dass du das weißt.

essen
ist
nicht
der
feind.

— *die gesellschaft ist es.*

wenn du je
dein bild
im spiegel
ansiehst & dir
sagen möchtest,

dass du
nicht gut genug bist,
nicht schön genug,
nicht mager genug,
nicht üppig genug,

ich finde, dann
wird es zeit,
dass du diesen
spiegel
in stücke schlägst,

findest du nicht auch?

— *nimm die scherben & mach trittsteine daraus für deine*
liebe zu dir selbst.

ich bin mir
ziemlich sicher,
da fließt

                                s t e r n e n s t a u b

durch
deine

                              a d e r n.

— *frauen sind was magisches.*

I. du wirst
leuten begegnen,
die können gar nicht abwarten,
dass du scheiterst.

II. es wird viele male geben,
in denen du tatsächlich
scheiterst
(erbärmlich),

III. aber das sind dinge,
die einfach passieren,
sie sind keine beweise dafür,
wer du bist.

IV. du musst nur einfach
diese fehler annehmen
& sie als dünger einsetzen,
der dich wachsen lässt.

V. du musst weitermachen,
immer voran, egal was
solche stimmen
sagen.

— *dieses leben bleibt trotzdem lebenswert.*

die blätter
werden sich
verfärben.

die blätter
werden fallen,
in spiralen gehen
sie zu boden.

die blätter
werden
neu kommen,
schöner als
je zuvor.

& das,
mein schatz,
gilt auch
für dich.

das gilt auch
für dich.

— *gewissheiten des herbstes.*

du
bist nicht
verpflichtet,
kinder
zu bekommen,
nur weil
dein körper
sie hervor-
bringen kann.

du
bist so
so
so
viel mehr
als eine
gebärerin
von
kindern.

du kannst
ozeane
gebären,

jeden
tag
neu.

— *sagt dir die nette männerhasserin & kinderfresserin von nebenan.*

sei eine
meerjungfrau.

sei eine
meerjungfrau,
der es nicht reicht, nur
mal ein bisschen zu plantschen.

sei eine
meerjungfrau,
die erst aufhört, wenn
sie richtige wellen
hervorgebracht hat.

sei eine
meerjungfrau,
die weiß, wann es genug ist,
bevor sie die ganze
welt verwüstet
mit ihren
tsunamis.

— *lass dir von den menschen nicht deine freundlichkeit
nehmen.*

absolut
nichts
hast
du
getan,
um
das
zu
verdienen.

— *scheiß vergewaltigerkultur.*

sprich mir nach:
du bist
niemandem
vergebung
schuldig.

— *außer vielleicht dir selbst.*

die liebe,
die manche mädchen
für andere mädchen
empfinden,
ist
so sanft
& so zärtlich
& so verflucht
schön
&
diese mädchen
verdienen
bessere geschichten
als die, in denen sie dafür
ermordet werden,
dass sie aus
zu vollem
herzen
lieben.

— *liebe ist niemals eine schwäche.*

alles,
was nötig ist,
um eine frau zu sein,
ist, sich als eine
zu verstehen.

— *schluss, ende der geschichte.*

dein glück
ist wichtiger

als das glück
aller anderen.

— *die wahre bedeutung des wortes »selbstachtung«.*

nur weil
sie dich nicht
schlagen,
heißt das nicht,
dass sie dich nicht
missbrauchen.

fändest du
denn nicht,
dass es ein
verbrechen ist,
wenn man
zum
nachthimmel aufschaut
& den
sternen sagt,
sie hätten
keinen glanz?

pass mal auf.
du strahlst
heller
als alles
sternenlicht,
das es je
gab
oder je
geben wird.

— *auch emotionaler missbrauch ist missbrauch.*

du hast recht –

du hast es
immer
& immer
& immer wieder
versucht,

aber vielleicht
können die
dich
einfach
nicht lieben.

jetzt frage ich dich:
ja, na und?

— *die einzige liebe, die du brauchst, ist deine eigene.*

du verdienst
jemanden,
der dich
spüren lässt,
was für ein
wunder-
barer
mensch
du bist.

— *dich.*

nimm dich in acht
vor den jungs, die

dir immer nur halb-
wahrheiten sagen,

denn die werden
nie mehr als nur halb

in dich
verliebt sein.

— *diese drachen musst du töten.*

täusche
dich nicht:

drachen
wird es geben.

aber die
wissen nicht, dass

du stets auf der
hut sein wirst mit

einem stück kohle
zwischen deinen lippen

& einem streichholz schon
in den fingern.

das ist der entscheidende
unterschied zwischen euch beiden:

sie verbrennen, um zu töten,
du, damit du leben kannst.

— *mögen sie dich nie wieder unterschätzen.*

wenn
jemand
dir anbietet,
dich zu retten,
dann lass nicht locker,
bis du dich
                    selbst
gerettet hast.

— *ich glaube an dich.*

das ende.

liebste leserin
(& liebster leser),
nun bist du
ans ende
meiner geschichte
gekommen.

ich möchte
dir danken, dafür,
dass du mit mir
auf diese an-
strengende reise
gegangen bist.

du sollst wissen, dass mit
jedem wort, das du liest,
für mich das
a t m e n
um so viel
leichter wird.

— *amanda lovelace.*

was noch aussteht:
dein eigenes happy end.

— *du schaffst es.*

besonderer dank

I.   an meinen sonnenschein & meinen regen, der daran glaubte, dass ich das hier schreiben kann, auch in den zeiten, in denen ich selbst nicht daran glaubte.

II.   an *meinen vater*, der wahrscheinlich keine ahnung hatte, dass in mir eine schriftstellerin steckt, der aber hoffentlich trotzdem stolz auf mich ist, dafür dass ich dies buch geschrieben habe.

III.   an *meine schwester, meine retterin*, die nie, auch nicht in den schwärzesten stunden, auf die idee gekommen wäre, mich im stich zu lassen.

IV.   an *meine übrige verwandtschaft*, die mich immer ermuntert hat vorwärtszugehen, auch dann noch wenn ich auf terrain kam, auf dem ich mich nicht so ganz wohlfühlte.

V.   an *meine ersten leser (christine, mira, danika, shauna, rob, mason, lauren & michaela)*, die bei der lektüre weinten & – noch wichtiger – mich auf inkonsequenzen hinwiesen & die meisten meiner grammatikfehler korrigierten.

über die verfasserin

amanda lovelace erzählt geschichten & schreibt gedichte. sie teilt ihre worte mit den zuhörern im örtlichen coffeeshop & in ihren blogs auf tumblr. derzeit lebt sie mit ihrem liebsten in new jersey. ihren abschluss in englischer literatur hat sie 2014 am brookdale comunity college gemacht & arbeitet jetzt an ihrem BA in englischer literatur & soziologie an der kean university. was sie als nächstes tun wird, das weiß keiner – auch sie selbst nicht. erst einmal liest sie weiterhin alles, was ihr in die finger kommt, schreibt, obwohl sie eigentlich im unterricht aufpassen sollte, macht sich gedanken über das schreiben, auch wenn sie gerade mal nicht schreibt, trinkt unmengen kaffee & bloggt über bücher. darüber hinaus liebt sie alles, was mit katzen zu tun hat, & beschäftigt sich mit begeisterung mit meerjungfrauen. sie versteht sich als feministin & als fürsprecherin sozialer gerechtigkeit. als *ladybookmad* findet ihr sie auf twitter, instagram & tumblr.

www.amandalovelace.com

Bibliografische Information der Deutschen Nationalbibliothek
Die Deutsche Nationalbibliothek verzeichnet diese Publikation in der Deutschen Nationalbibliografie. Detaillierte bibliografische Daten sind im Internet über http://dnb.d-nb.de abrufbar.

Für Fragen und Anregungen
info@lago-verlag.de

2. Auflage 2021
© 2018 by LAGO, ein Imprint der Münchner Verlagsgruppe GmbH
Türkenstraße 89
80799 München
Tel.: 089 651285-0
Fax: 089 652096

Die englische Originalausgabe erschien 2017 bei Andrews McMeel Publishing unter dem Titel *the princess saves herself in this one*. © 2017 by Amanda Lovelace. All rights reserved.

Übersetzung: Frieda Ellmann
Umschlaggestaltung: Isabella Dorsch, dem Original nachempfunden
Umschlagabbildung: shutterstock.com/Francois Poirier
Satz: Carsten Klein, Torgau
Druck: GGP Media GmbH, Pößneck
Printed in Germany

ISBN Print 978-3-95761-188-8
ISBN E-Book (PDF) 978-3-95762-113-9
ISBN E-Book (EPUB, Mobi) 978-3-95762-114-6

Weitere Informationen zum Verlag finden Sie unter
www.lago-verlag.de
Beachten Sie auch unsere weiteren Verlage unter www.m-vg.de